JN409952

# 바람이었어요

이광식 두 번째 시집

# 바람이었어요

그림과책

시집을 내면서

# 바람 같은 길, 또 배우렵니다

바람 같은 길이었을까요
어느 사이 세월이 이다지도
빠르게 흘러버렸습니다
그 험난했던 계곡 앞강이 뒷강에
떠밀려 흐르듯
아무런 거침도 정신도 없이
지나왔던 인생
청춘을 불사르듯 뜨거운 열기
내뿜었던 여름처럼
풀벌레 울음 잦아들어가는
소리 따라
푸르름 사위어가는 끝자락
높푸른 하늘 아래
넉넉한 기운 여유 넘쳐나는
가을 들녘처럼
아름다운 기억으로
남고 싶습니다

바다를 누비며 살다
거센 물살마다
강줄기 거슬러 돌아오는
연어 떼 귀소歸巢 본능처럼
태어났던 강가 거친 모래 바닥
뿌려지는 연어알
새 생명 다시 태어나듯
지난 세월 되돌아 보다
한 자락 못다 했던 이야기와
못내 허무할 수밖에 없었던
한 번쯤 피우려 애썼던 사랑
부끄러운 낯으로 이제야
펼쳐 보이려 합니다
힘겹게 올라왔던 높은 산
바람 소리만
구름 따라 떠돌고

겨우 넘어 내려오며
가물거리며 내려가는
길조차 헤매는데
산비탈 돌다
저만큼 밥 짓는 연기 나는 내음
눈이 번쩍 뜨듯 아늑하게 반가웠고
아내의 따뜻한 배려
늘 고마웠습니다

이제는
내려가는 길
또다시 물어보겠습니다

2016년 1월

이 광 식

# 차 례

## 2부 바람이었어요

## 3부 쓸쓸해야 자라는 거야

## 4부 환향還鄕 본능

# 1
# 터져라, 사랑아

도시의 불빛 사이
저렇게 기다리다
꽃 무리 한꺼번에
터지던 날

# 터져라, 사랑아

도시의 불빛 사이
저렇게 기다리다
꽃 무리 한꺼번에
터지던 날
결국 몸살이 도졌다
폭우 지나갔던 음습한 뒷골목
아린 기억 털어 내지 못한 채
빈대떡집 소주잔 빠져드는데
안개 저편 아물거리는
무인도 형상
답답하게 숨이 막혔던 사랑

사랑은 답답한 거다
늘 그렇게 답답한 거다
온몸 스멀거리며
훑아 올라
벚꽃 한꺼번에 피어나듯
터져라, 사랑아
언제나 홀연히
왔다 가는 봄날처럼

## 꿈꾸는 색色

가슴 한쪽 아직
사그라지지 않은 잔불
한줄기 바람에도 지펴지는
불꽃 피울 수 있으니
벌처럼 네게 다가가
키스 마크 찍은 암술
간질이는 꿈

바람 따라 떠돌던 빗줄기
창 두드리는 밤
홀로 먹먹하게
밖을 내다보고 있으니
점점 굵어지는 장맛비
어서 쏟아져라
너의 빗줄기
온 몸 적셔지면
스멀거리던 색
꽃 피우는
소리

# 사랑이라는 이름의 환영幻影

꽃바람 설레며 날리던 봄날이었는데,

비좁은 퇴근길 지하철 문가 두 발 디딜 자리 겨우 비집어 서서
모두가 그러하듯 딱히 눈길 둘 곳 없는 습관 스마트폰 머리
꺾은 채 고단한 삶의 궤적軌跡 잠시라도 멈춘 곳 환승하느라
스크린 열리고 닫히는 역마다 내리고 타는 인파 속 다시 고개
묻혀버리는데 문득 들어 올린 고개 건너편 눈이 마주친 순간,
이 눈부신 찰나! 역 구내를 밝히던 빛이 사라지는 속도만큼 이
내 어둠 속으로 덜컹이는 소리만 남긴 채 갇혔을 때도 눈가에
선명하게 남은 얼굴 머릿결 날려 하얀 목덜미 훔쳐보려는 순간
이었을 뿐이었는데 꿈꾸었던 환영 한 장면이었을까
그만
실성하고 말았다
혹시
다시 만나지려나

멈춤의 순간마다
스크린 밖의 풍경 여전히
되돌아오지 않을 여인처럼 뿌옇고

아직도 머릿속 가득 정지되어 있는

빛바랜 그리움

땅 깊은 곳

창밖은 아직 어두워

그렇게 내달리고 있건만

# 속리산俗離山

얼마나 설레었던
가슴이었나

속리산 들어가는 길
달님의 큰 웃음
구불거리는 소나무 길 따라
환하게 맞아 주셨는데

활활 끓어오르던
선홍빛 그 밤
별은 쏟아지며 돌아가고
문풍지 울리는 바람 따라
내게로 온
우주
곱디곱게 안겨주었으니

그렇게
찾아 헤매던 사랑
俗世 떠나 지폈던
아궁이 찾아

다시 그 불
피울 수 있다면

다시 그 산 찾아
떠날 수 있다면

# 생각의 주인

무슨 희망으로 살고 있는지
푸르름 진동하는
유월의 산길
곰곰이 걷고 있는데
어쩌나요
당신 생각만 들어왔습니다

작은 별빛 하나 따라
날아가는 외기러기처럼
당신 생각뿐
당신을 보고 싶은 마음 하나만
길을 걷고 있었습니다

바쁜 일상 잠시 멈춰지며
커피 한 잔 기다려지는
시간 같은 때
여지없이 당신 생각으로
실없는 웃음 머금고 있는 내가
거기 있었습니다

지치고 힘들 때거나
답답한 가슴 옥죄어질 때라도
당신의 은은한 미소와
따스한 말 한마디
떠올려 보면
씻은 듯 개운하게
다시 나아갈 수 있었습니다

늘 당신 생각으로
그렇게 하루가
눈을 뜨고 지고 있습니다

# 그리워하면

머릿속 그려진
그리움
뜨거운 가슴
요동치는
말 못할
인력

폭풍우 치는 밤하늘에도
섬광 가로지르며
타오르고
異域萬里 밖에서도
손톱 만지작거리다
뚝뚝 눈물
떨어지도록
사무치게 그리운

누가 무엇으로
말릴 것인가

절로

끌어 당겨지는
알 수 없는 힘
사랑이라고
그것이 없다면
사랑도 아니라고

# 서광이 터오는

왠지 까닭 모를
연민 뒤척이며
밤이 몸살 앓던 날
어쩌다 올려본 하늘 온통
까만 세상뿐
별을 볼 수 없었습니다
점점이
까만 별들만
박혀 있기 때문일까요

하얗게 고운
별 하나쯤
절절한 인연 닿도록
하늘 우러러
그립고 그립다
노래 불러 봅니다

어느 파란 새벽하늘 가르며
다함없는 생生을 마친
유성이

떨어지고 나더니
서광이
터오는 꿈꾸었습니다

밝은 별 하나
우뚝
나의 별
떠오르기를

# 사부자기 바람 소리

기다리다
기다리다
지쳐
이젠 마음속 눈물까지
지워버렸어도
언젠가 볼 수 있지 않을까
언젠가 오지 않을까
사부작거리는
바람 소리에도
목을 빼어
내다볼 수 있다는
기대는
얼마나 경이로운 기쁨인가
얼마나 고마운 희망인가
기다릴 수 있다는
가슴은

아무리 기다려도
오지 못하는 이를
가슴에 묻어 놓고

차마 떨치지 못하는

텅 빈 기다림도

있는데

# 꿈꾸는 기다림도 있다

흘러가는 강물처럼
앞으로만 떠밀려
살아왔다

강이 바라보이는 언덕에도
야생화 피어나는데
낡은 앨범 속 사내가
기다려 왔을
꿈꾸는 환영
인어가 부르는 노랫가락
찾아 헤매던 가슴
아려오고
손에 든 네 잎 클로버
가져다줄지도 모를
행운 한 자락
아직도
기다리고 있었다는 걸

강물은 여전히
흐르고 있지만

# 이런 사랑법

솔개가 날아오르면
물고기 뛰어오르듯

아무 말 않고
바라만 보아도
저 深淵의 바다 끝자락부터
난간에 기댄 얼굴
뜨거운 빛으로
가득 차오르다
입가에 머물던
그윽한 미소
가슴 깊은 곳
송글거리며
자꾸만
돋아나게
할 수 있는

# 갑을연애甲乙戀愛

사자가 그러하듯
순록부터 바다코끼리까지
수컷의 운명이란 던지 피 터지게 싸워야만 하는
오직 가장 센 자로 살아남아
구애하고 구애하는 족쇄 차고 태어난
느긋하게 그 모습 즐기다
적당히 퇴짜 놓다 응해주면 그뿐
그런 암컷과는 애초부터 다르다
그녀도 그랬다
이 사랑 지키게 해달라 시 한 편 보냈더니
웃긴다고 답장 보내주었다
매일 아침 사랑한다 문자 보내도
무관심한 듯 응답 없기 일쑤
무기력 수컷 회의懷疑 들던 어느 기분 꼬이던 날
(그런 날 진짜 많지만 참을성 떨어져 하루 표현한 날)
그걸 지나쳤더니 무슨 일 있었냐 왜 안 보냈냐?
속에서 치미는 말 억지 눌러 참고(말대답 잘못하면 공든 탑
한순간 무너져 버린다는 걸 알기만 해도 똑똑하다는데)
혼자 술 마시며 삭였다. 그녀는, 늘 그랬다. 아니 수컷은 늘
그랬다. 그녀는 언제나 쿨하고 난 늘 소심했다

가까이 다가가면, 오지말라 소리 지르고
멀리 떨어지면, 가지말라 소리 지르는
그녀는, 늘 이랬다
수컷도 늘 그랬다
늙은 숫 사자 어디서 어떻게 죽는지
누구도 관심 없다
자연이므로

# 인연무상因緣無常

벚꽃이 피네요
가슴이 울렁거려요
봄 하늘 가득
분홍빛 물들일 동안
이것이 행복이구나 했어요
사랑은 역시 아름답다며
찬란한 봄을 노래했어요

벚꽃이 지네요
헤어지자
이별 통보에
술 한 잔 넘기지 못하던 목구멍처럼
마음이 아리고 아팠는데
벚꽃이 봄바람에
날아가 버리자
설레던 그 마음 어디론가 사라지고

내년에
또, 벚꽃이 피어나면
그만이려나

다시는 돌아오지 않을
오늘을 위해
어제와 다른 꽃길
향기에 취해 걷고 있어요

# 별이 되어

너를 위하여
나는
무엇이 될까

풍랑 이기며
먼 밤바다 떠돌다
북극성 별빛 같은
한 점 등대로
지쳐 울며 찾아드는 배
맞이하듯
언제나 그 산
그 자리 지키는 바위
말없이 바람을
안아주듯

너의 등불이 되어
너의 어둠을 따라
너의 아픔을 따라
너의 빛이 되어주는
그런

너의 반짝이는 등불이 되어

단지
너의 별이 되고 싶다

# 2

# 바람이었어요

봄빛 줄어든다는데
화려한 봄꽃 피었다
빈 바람 타고
날아가 버린
한낱 봄날처럼
왜 그리도 짧았는지

# 바람이었어요

처음으로 길
나서던 날
너무 멀고
험해 보였다

고비 넘고 풍랑 헤치며
지나왔던 그 길
이제야
끝자락 이르러 보니

꽃 한 조각 떨어져도
봄빛 줄어든다는데
화려한 봄꽃 피었다
빈 바람 타고
날아가 버린
한낱 봄날처럼
왜 그리도 짧았는지

수만 꽃잎 흩날리며
떠나 버렸을 뿐
바람 소리만

# 보름달 떠오르는 소리

파도 씻겨 나가는
밤바다 소리
시원스레
보러 갔더니
큰 품
환히 연 달빛
가득 찬 가슴 떠올라
일렁일렁 말없이
어루만지면 점점
둥글어지는 바다

방파제 끝까지 따라온
그냥 그런 눈물 자락
서걱거리며 부딪혀 오르는
물거품 가만히 내려놓으면
어두움 잠겨 든
저 바다
알 수 없는 깊은 바닥
빠져나가며
알싸하게 울음 삭이는

보름달
떠오르는 소리

# 상춘賞春길 사진

꽃 피는 봄 오니
꽃길 속 나도 봄 되고파
활짝 핀 꽃 닮은 웃음
꽃잎처럼 날리며
이렇게
저렇게
사진 찍어요
아니,
그렇게

그래도,
이 많은 꽃구경
떠밀려 가는 사람들 안
첫눈에 쏙 들어
내 마음
딱 맞추는 사랑
어디서 사진
콕
찍고 있을까요?

# 남도南島에서

시 한 줄도 먹먹한데
흐리고 바람 불다
썰렁한 눈발
흩뿌리는 날엔
남도의
겨울바다가 그립다

햇살의
깊은 속살 조각낸
은빛비늘 일렁이며 떠오르는
바다 내려다보이는
남도의 봉우리 널린
청량한 하늘 지나
무심히 떠돌다
손짓하는 사랑
무심히 떠나버리는 구름

무엇을
바랄 수 있는가

# 봄비

바닥마저 보이던 호숫가
진흙 뻘 뒹구는
물고기 가슴
꾸덕꾸덕 말라갈 즈음
하늘이 꽃비 뿌리면
빗줄기마다 무지개 걸리고
턱 괴고 봄을 기다리던
봉당 모서리 저녁
잡초도 꽃을 피울 수 있었다

자칫
밟혀 지나갈 이름
아기별꽃
새봄 되듯
새 떼 솟구쳐 날고

# 첨성대瞻星臺에서

갈 길 잃고
추위에 떠돌던
한 자락 내 그림자
남南으로 난 따스한
창窓 타고 오르렵니다
그토록 그립다
노래 부르던
나의 별
한 줄기 빛으로
내려올지도 몰라요
어머니
어머니의 별
북극성
우러러보면

# 어부의 노래

별이 비추고
달이 떠 있으며
등댓불 빙글거리며 도는 곳

두런거리는 전등 불빛 아래
아이들 웃음소리 모여들 듯
만선 깃발 펄럭이고
기적 소리 요란히
들어오는 어선마다
손꼽아 기다리는 아낙들
목청껏 튀어 오르는 비늘
어망 가득 반기며
넘실거리는 웃음소리

비좁아진 포구 가득
술렁이는
갈매기 춤사위 따라
주모의 화장으로
점점 짙어지는
밤바다

# 불빛

가을비까지 뿌리고 지나간
빈 들판 건너
여린 불빛 몇 집 켜지며
누군가를
기다리고 있다

어스름 해는 지고 있는데
움츠린 벌판 떠돌던 바람
이제야
찾아들어 가려나

빈 들판 가로지른
전깃줄 우는 소리 따라
기러기 날면
도란거리듯 따스한
불빛 한 점
찾아
안기고 싶다

# 수평선

통째로 바다 덮고
온 하늘 이고 떠받친
선 하나
억만 겁 묵직하게 다문
미륵불彌勒佛 입술처럼
말이 없구나

쉬이 넘어갈 선 너머
무심한 음양
포개어 입 맞춰진 채
헤어질 수 없는 사랑
치장 없는 아름다움으로
극치 맞닿았지만
무한 외로움
포물선 그으며
끝이 보이질 않네

미풍 간지를 때나
폭풍우 사납게 흔들어도
떨어질 수 없는 운명 사슬

합성되지 않은 채
철저 구분된 공존
하나 되어 있으니

하늘이 바다이고
바다가 하늘이어라

# 벌판

누구라도
한 번쯤
벌판 가운데
나홀로
서게 될 때 있다
정처 없는 바람 소리만
심장을 떨게 하는

헛헛한 벌판 끝자락
얼핏 피어오르는 꿈이런가
연기 한 자락
눈길 주려는데
외로움뿐인
바람이 길을 헤매다
찔끔 눈물 뿌리고 사라졌다
누구나
벌판에 서 보면
숨어들 곳 많던 산자락
더욱 그리운 까닭이다

벌판에
서 있으면

# 초원의 시간

말발굽 채여 일어나는
거친 흙먼지
광활한 고요 펼쳐진
대지 깨우며
달려나가도
양 떼 따라
느릿한 벌판
소문 없이 이동하는 곳

지평선 넘어 가도록
피고 지는 들꽃
풀벌레 숨어드는 사랑으로
멈춘 듯
번져나가고
먼 하늘 저편
사라지는 흰 구름 쫓다
내려놓은 마음마저
바람에 흩날리고 마는
시간 무심히
제 자리 떠 있다

# 설악에 올라

어떻게 모진 세월 이기며
저리도 날카롭게
씪이고 나듬어질 수 있었을까
하늘 찢어질 듯
능선 따라
공룡이 치솟아 오르는 기상
칼끝에 서 있어
구름 한 자락
슬며시 안아 주고

산등성이 가로 지르며
넘어가는 바람 소리
홀로 외로움 이겨내며
바위 뚫고
뿌리 내린 소나무
비틀리고 휘어진 훈장
빈 하늘 지키며 의연하구나

발아래 펼쳐진
속세의 짐

이고 서 계신

청동 대불青銅 大佛

큰 귀 열어

세상 이야기 들어주시니

산사 목탁 소리

찾아든 인파

둥지 깃든 새처럼

꼬물꼬물 정겨워라

# 바람 소리

마주 보고 서 있는
미루나무 두 그루
시원한 속삭임
안타까운 것은

긴 가지
휘어가며
맞잡으려 잎마저
풀어 헤쳐보아도
다가갈 수 없는
울음만 커질 뿐

봄은 언제 지나갔는지
여름이 어느새
무덥게 찾아왔는지도
모른 채

# 물결을 보며

가만히
바라보니

여울물 벗겨져
떠내려가던 고무신
허겁지겁 쫓던
까까머리 모습
그대로
흐르는 물결 따라
멀리도 와버렸네요

강은 언제나 제자리
지친 철새의 날갯짓
품어 안으며
회감이 도는데

햇살 한 자락도 아쉬워
물결 번득이는
바람 여전히
강물에 세월 실어
바삐 떠나네

# 등산중독 습관登山中毒 習慣

아무리 올라가도
정상은 너무 높은 곳에 있었고
배낭의 무게는
여전히 하늘을 지고 있었다

기대와 희망이
가늘게 매달린 암벽의 자일은
강풍에 자꾸 꼬이고
습관처럼 그냥 그렇게 살았던
하루처럼 산등성이 너머
부끄럽게 물들이던
해마저 떨어졌다
비박하며 누운 하늘
빛나는 저 별은
너무 멀리 떠 있고
침낭 속 사무치는 한기와 피로
한 잔의 뜨거운 커피가
절실한 현실
오한으로 밤이 지나갔다
해는 다시 떴고

쫓기듯 출근하는 전동차의 굉음처럼
또 산을 오르고 있다
짧은 정상의 포효
구름 한 자락 들다 지나가고

동쪽으로 날아갔던 비둘기
어디쯤 오고 있는가

# 껍질

모진 풍파
억척스레 이겨낸
오래된 떡갈나무
거칠고 단단한 껍질

열 자식 다 키워낸
촌로의 손등 같은
갈라지고 터진 틈새
오백 년 넘은 종가 지키며
살아온 이야기처럼
말이 없다
여전히 하얀 머릿결
단정히 빗어 넘긴
종부의
단아한 향내처럼 깊게
우러나는 투박한
이 오래된 감촉
기대고 어루만진 만큼
두터워지는
곰삭은 향기

아주 먼 옛날

그 고향 길

그리운 껍질

# 시월이 지나가는 공원

시월이 며칠 남지 않은
공원에선
날리고 뒹구는 가을바람
스산한 비질 소리
언제쯤 그치려나

옷깃 지나 가슴까지
들이쳐 오는
찬바람 여미기 바쁜
공원 벤치에선
해 질 녘 고단했던 그림자처럼
낡은 카세트테이프 걸려
처량히 늘어지는 흘러간 유행가
끊길 듯 겨우 이어가는 노인 주위
가난한 비둘기 몇 마리만
들었을까
유효기간 지난 부스러진 과자
쪼아대는
알싸한 울림

가을 산 타오른다고
몰려들며 소란스러운
내장산 소식에도
시려가는 시월의 공원엔
긴 겨울 앞에서
적막한 단풍
그렇게 물들고 있구나

# 울산바위 품

시월도 떠나버린
끝자락 가을
스산하게 뿌려지는
빗줄기 젖어들며
쇠하여 가는 단풍 빛깔
한여름 싱그러웠던 꿈 내려놓고
너른 바위 품 아래
모여들었다

날아가다 멈춰선
울산바위 힘껏 떠받쳐
다시 기다리는 날갯짓
금강산 함께 가려나
바위 자락 붉게 타올라
날아가고 싶다
하늘 높이 솟구쳐
벌어진 바위틈마다
접혀 깃든 설운 삶
골짜기 타고 흘러내리다
물안개 다시 덮어 버렸지만

설악 지키던
저 壯大한 울산바위
새봄엔
또 다른 수많은 사연
솟구치는 바위 자락 따라
부푼 꿈
기대어 안기겠지

바라만 보아도
든든하고 너른 품

# 노을 지는 강가에서

강물이 흐른 자리
흔적도 없는데
여전히 강물은 흐르고
구름이 떠돌던 자리
다시 구름이 일어도
텅 빈 하늘

서쪽 하늘가
지는 노을빛
반짝
붉게 타오르다
이내 어두워지듯
청춘이라 불렀던
세월 떠난 자리
찔끔 남은
눈물 자국

# 겨울 산에서는

한겨울 산자락
공제선空際線 노출된
참나무 한 그루
칼바람 시달려도
빈 하늘 품 넉넉히 감싸 안겨
단단히 굵어만 가고

고향 길 내닫는 기찻길 따라
강이 내려다보이는
산등성 베고 누우니
강줄기 구름 따라 흐르는데
바람 소리 가득 찬 겨울 산
이웃한 쨍쨍한 하늘 사이
그리움 한 꼬지
얼굴 가득 넓여와
푸르른
겨울

# 조선왕릉朝鮮王陵 구구절절句句節節

신덕왕후 정릉 옆자리
함께 하고 싶었던 태조
고향 함흥 억새풀 덮어쓴 채
건원릉 쓸쓸히 누우시며
동구릉 조성하고
정성왕후 옆으로 가려던 영조
홍릉 자리 비워놓고
아직도 휑하니 허전한 채
정조 등살 떠밀려
동구릉에 정순왕후와 계시고
형님 문종 옆 동구릉 가기 꺼려
경릉 창릉으로 서오릉 열어
가슴 한 자락 묻어놓았던 세조
광릉 누워 답답한 마음
큰 숲으로 덮었으니
구구절절句句節節
조선왕조 왕릉 사연
백성보다 무엇이 나으랴!

죽은 권력 산 권력 따라

어쩔 수 없고
권불십년權不十年
화무십일홍花無十日紅인데
정치해보겠다는
불나방 신세들
무상無常한 권력부침權力浮沈 모른 채
불구덩이 뛰어드는구나!

살아생전 죽어라 싸웠던
숙종 주변 권력들 지금은
인현왕후 인원왕후와 함께 명릉에서
인경왕후는 가까운 익릉에 누워있고
희빈 장씨도 한 발 건너
대빈묘 찾아들어 누워있으니
숙종의 사후세계
무어라 부러워할 것인가!

–왕릉王陵의 유한有限한 부침浮沈을 보며 탄식歎息함

# 3

## 쓸쓸해야 자라는 거야

그리운 이름 새겨 넣듯
눈물 흐르다
눈 감은 마음
기도처럼
그리움 자란다

# 쓸쓸해야 자라는 거야

하루 종일
울리지 않는 전화기
먼지만 닦아내다
개 짖는 소리마저
그리운 날
문밖엔 저녁 해 그림자
긴 자리 펼치며
제자리 찾아들고
기러기 떼 찬바람 따라
날아가 버리는 하늘
고단하게 홀로 보며
쓸쓸함 깊어 가면
정겨운 보름달
그리운 이름 새겨 넣듯
눈물 흐르다
눈 감은 마음
기도처럼
그리움 자란다

보이지 않는 심장이라

울컥울컥
피를 쏟아내는 거야
즐겁게 웃기만 하면
주름살만 느는 거야

# 우주 항해宇宙 航海

하늘하늘 얇은 돛
바람 같은 햇살 받으며
마지마 남은 변경
저 컴컴한 외계의
깊고 깊은 침잠 헤쳐
끝도 시작도 없는 허무 너머
햇살 돛 올려
항해 하자

밥 말고 다른 꿈 없을까
찌든 일상 내던지고
낭만만을 위한 모험으로
태양의 방사압放射壓
몸을 맡긴 채

우주 항해
꿈을 키우면

# 흔적

그렇지,
아무 생각 없었다
고개 숙인 채
앞으로만 걸어왔지
눈 내리는 산길
무심히 오르다
한순간 방심하였나
갑작스레
뒤로 넘어져
황망하게
쳐다본 겨울 하늘
빈 나뭇가지 사이
바람만 흔드는
쨍쨍한 고요 감춘 채
저만큼 떠 있을 뿐

누구에게 하소연할까
문득 되돌아본 산길
바람에 날리다 지워져 버린
내 발자국처럼
덧없이 지나쳐온 세월
눈발 사이 묻혀버리는데

# 견습 치매증見習 癡呆症

또,
토요일 밤이다
월요일부터 금요일까지
목적 내려놓은 관성慣性
되짚어 보는데
도무지,
월요일에 막혀버리니
엊저녁 누구와 밥 먹었더라
역易으로 빙글거려
거울에 비친 흰머리
뇌사腦死 흔적일진데
점점 가벼워지는 머리
어디 기대
이 한 몸 맡길까
부릅뜨고 깬 눈
힘껏 움켜쥔 하루
빈손 남은 허공 아래
강물은 여전히 흐르고
영靈의 무게 제로(0) 향해
만리萬里 거슬러 오르는 연어 떼

행진 같은
기억 탈진증脫盡症

참담한 후기인생後期人生 위하여
건배사乾杯辭 목청 높이다
썩어가는 울음
메아리치는 줄도
모르는 치매癡呆

# 이별연습離別演習

그때가,
보름달 몇 번 뜨고 지면
다가오는지
알 수 있을 만큼
뜬구름
빨리도 흐르는데

정해진 날 떠나고 나면
다시는 돌아올 수 없어

그동안

함께했던 착한 사람들과
수많은 사연들
그리움 재촉하듯
아쉽다며
나부끼고 있다

제향祭香 연기 타고
푸른 하늘로 사라질
허망한 내 육신
미리 보이는구나!

# 봄날이란 그렇다

밤꽃 향내 무쳐진 달빛
봄비처럼 젖어드는 밤에도
사랑은
허망한 거라며
산골짜기 물 따라
서럽게 흘러가 버렸다

어느 날 아침
먼 산 풍경 환했던
진달래 개나리
훌쩍 떠나가 버린 봄처럼

덧난 상처마다
또
새봄은 돋겠지만

## 무명 문인석無名 文人石

산길 한쪽 홀로
서 있는 문인석文人石
저, 무념무상 얼굴

생전生前 모습
몇 줄 흐릿한 글귀
남은 비석碑石
무성한 잡풀 사이 외롭고
먼 산부터 구슬픈
소쩍새 울음 타고
어디론가
그는 날아갔는데
홀로 남아
무슨 생각 서 있는가

언젠가 저렇게
궤적軌跡 없이 사라질
봉분封墳 흙 한줌
신세身世 지킨 채
지나는 길손의

소맷자락 드나드는
빈 바람
부여잡으며
천년千年 갈거나

# 저 산등성이 넘어가면

어느새
여기까지

구름 한 자락
허공 저편
바람 따라 사라지듯
지나온 길 뒤돌아보니
먼 산줄기
가물가물
언제 여기까지
이렇게 멀리 왔을까
이제 길은
끊어져 있다

태백 따라 달리던
산자락 기운 내려놓고
강줄기도 숨 고르는 곳
이제 저 산등성이
넘어가면
갈 곳 없는데

천도화天桃花 만발하고
아이들 웃음소리
끊이지 않는 마을
꿈꾸듯 다시 보일까

# 황혼黃昏 소묘素描

종묘 앞 광장
낮술 온몸에 감긴 햇살
널브러져 누워 있고
바둑판 장기판 응시하는
초점 없는 수많은 눈들
땡볕 아래 녹아내리는 사이
비비적 파는
사랑이라는
박카스 할머니
누비고 다녀도
덤덤한 오후
끊임없이 확성기 타고
울려 퍼지는
찬송가 소리
광장 뒤덮을 뿐
새 왕조 창건했던
이상과 개혁
정도전鄭道傳 시비詩碑로만 남아
조선왕조 신주神主 가까이
왕의 권력 뜬구름

먼발치서 바라보듯

이제는
다 지나가 버린 세월
마지막 한 줄기
어디쯤 붙어 있는지

# 가을에게 물어봅니다

새봄에 싹트고
여름내 자라느라
온갖 수고 다했어도
가을바람 한순간
떨어진 빛바랜 잎새
빈 하늘 나뒹굴고 나면
언제 초록빛 무성했던 때
있었느냐고
가물거리는 기억
가을에게 물어봅니다

경로당 모여 앉은 노인
옛날에 이랬노라
아무리 늘어놓아도
퇴임 날 받은 붉은 장미
왠지 쓸쓸해 보이듯
흰머리 늘어만 가는
구부정한 어깨
그동안 어떻게 살았었는지
치매 같은 기억에

## 자꾸 물어봅니다

호스피스병동 창가
마지막 삶 헐떡이다
말없이 눈 감으며 떨어지는
바스락거리던 잎새
지난여름 무성했던 청춘
어떻게 되새겨야 하는지
북망산 넘어가는 그대
꽃 지고 낙엽 지면
어떤 세상 기다리는지
가을에게 물어봅니다

# 낙엽에게 배운다

돌아오지 못할 길
떠날 채비하듯
마지막 진한 단장
붉디붉게 타올라
찬연하게 물들이더니
그믐밤 숨어들어 고요히 가거나
보름날 교교皎皎 떠나지도 않고
햇살 가득 박수받는 요란함도 물리치더니
다만
바람에 몸을 맡긴 채
아무렇지도 않게
아무 때나
녹음綠陰 일구어내던 山河
빙그르 인사 싱긋 던지곤
툭 떨어져 버렸다
이리저리 나뒹굴어
누군가에게
밟히고 또 밟히다
누군가의 밑거름이 되어주고
말 텐데

오지 않는 이 행여나

서성이던 가을만

아려올 뿐

# 살려고 먹어야지

먹어야
살아 있는 것이지

나자마자
빨기 시작하더니
먹고 살기 위해
평생 일을 해야 하듯

경쟁하고 싸우며
부지런히 돌아다녀야 하고
쉼 없이 헤엄쳐야 하고
온 힘껏 날아다녀야 하는 것은 다
먹잇감 찾아 먹기 위해서라

더 이상 못 먹게
되는 날부터
무얼 하게 되려나

제도濟度 하는 범종梵鐘 울려주고
법고法鼓 운판雲版 목어木魚
두드리며
마음 심心자 그려주어도

# 초상집

유명幽明 달리해
애간장 녹아 들어가는
조문弔問 소주 잔
빠져들며
저렇고 그렇게
누구나
살았던 세월
북망산北邙山 보며
절로
귀 기울여지고
눈 떠지니

이젠,
좋은 일 펼쳐지겠지

# 4

# 환향還鄕 본능

막차에서 내린 손님마저
모두 돌아 가버린 대합실
오지 않을 그녀
막연한 환상마저
끊겨버린 기다림
맥 빠진 얼굴이라도
돌아가리라

# 환향還鄕 본능

막차에서 내린 손님마저
모두 돌아 가버린 대합실
오지 않을 그녀
막연한 환상마저
끊겨버린 기다림
맥 빠진 얼굴이라도
돌아가리라
이제는 처량하게 낡아 버린
녹음기 소리
시린 기러기 울음 따라
올라갔다
아직도 시베리아 벌판
떠돌고 있는 날 선 바람의 울음
여전히 읊고 있어도

어깨 누르던
두터운 포장
입었다 벗기 몇 번이나
시샘하다 물러나면
다시 갈 수 있으려나

## 고향 가는 길

꿈꾸던
새싹 돋아나고
기다리던 꽃
피어나는 소리 들린다
봄바람 살랑이면

# 다시 꾸는 꿈

보조개 안에
별 하나와
햇볕 한 조각
속삭이듯 담고 다니던
소년의 모습
그리워

후드득
빗방울 소리에도
소스라쳐 놀라던 밤
빌 더글러스의
'아침이 열리는 숲에서'
귀에 꽂은 채
맑고 편안한 아침
열리기 바라듯
거꾸로
노자의 도덕경
펼쳐 읽으며
스르르 물처럼 살라 하듯

잠으로
들어가 보려고요

## 촛불

촛불이
이렇게
가녀린 줄
이제야
알았으면서도
오지 못하는 이를
바람에 흔들리다
꺼지기 반복하는
촛불 하나
켜놓고
기다리고 있으니

# 기도에 대한 祈禱

애가 녹아내리는 촛불보다 더
가슴 타들어 가는데
노란 리본 간절한 염원
검은 리본 바뀌지 않기를
빌고 비는데
기도는 어디에서
아직도 방황하고 있습니까?
메아리 없는 통곡
그렇게 언제까지
눈물만 흘려야 합니까?
한없는 바다라
목 놓아 부르는 이름
듣기는 하는 겁니까?
두 손 맞잡기만 하여도
말없이 안아주기만 하여도
기도라 하였지요?
더는 기다릴 수 없기에
이제는
기도에 대한
기도를 올려야 할까요?

# 난초

휘어지다
솟구쳐 찌르는
칼끝같이
사방으로 뻗어 나던
냉엄한 자태
소리 없이
은은한 향내
피우더니
간다는 말
한 마디 않다
이내 꽃 시들었다

무엇을 삼키며
살았을까
여선히
고고孤高한
고양이 눈빛

## 절망의 자유

퇴근길 지하철,
피곤했던 일상
역마다 쏟아져 들어와
답답해진 숨
발 디딜 틈 없고
전동차 소음만큼
무거웠던 하루
입술 다문 사이
굳게 찡그리고 있다
스마트폰 고정된
삶의 초점 고개 숙인
목 디스크 환자들이거나
눈 감은 채
쉼 찾아 돌아가는 길

한 무리
젊은 비구니 스님들
타신 역驛부턴
어린 소녀들
해맑게 웃고 재잘거리는데

그 안에 있던 모든 이
지고 가던 걸망
해제解制하고
순간 찾아든
자유

# 평형수平衡水

오늘 출근길
신호 위반했다
무엇 바쁜지 모른 채
바쁘다는 말 하나로 합리화
앞만 보고 달리는데
퇴근길 회식 자리에선
시사문제
언성 높였다
제대로 나는 옳은지
분별 않고
네 잘못이다
탓해 버렸지

언제부터 고갈 되었지
내 마음속
평형수

# 허드렛돌

땅속에
반쯤 묻힌 허드렛돌
관심커녕 발에 차일 뿐
캐내 버려야 할
걸림돌 노릇
언제나 밟히며
익숙해진 푸대접
아무 말 않고 참아도
허드렛돌 말고
누구라
기초 다질 수 있겠는가

행주산성
용맹 떨친 전공 있어도
빛나는
다이아몬드처럼
수난 겪을 일 없으니

# 황조롱이

하늘 누비던
황조롱이
느린 날갯짓의
응시

점점 좁혀지는
원의 크기만큼
깃털 곤두서며
머뭇거리는
들쥐의 웅크림

초점 맞춰진
긴박한 정적
바람처럼
낚아채 가도
생선가게
지키는 고양이
여전히 턱을 괸
쨍쨍한 오후

# 기지개

겨우내 구부려 말고 있던
기지개 펴 볼까
산에 올라
볕 좋은 바위
거꾸로 누워
하늘 보았다

땅으로 오너라
아래로 처지는 창자
놀란 되새김질
제자리 올려 붙어
허전해진 뱃속
빈 하늘 채워지는
바람 스치는 소리
햇살 뒤집어
허공 흔드는 나뭇가지 틈새
숨어 웅크렸던 진달래
활활 피워라

# 오뉴월 사이

햇볕 한 조각마다 아이들 커가는 한낮 물끄러미 바라보다
오래 입었던 옷자락 거울 비친 세월 자국 홀로 물어본다
꽃이 피어나고 파릇한 오뉴월 햇살 사이
새 울음 가득 날아다녀도 활짝 달려나갈
그리움 어디로 갔는지

저만치 빠끔 보이는
노을 지는 자리

# 푸르름 갖고 싶어요

하늘은 푸름 하나
얻었다고
老子 이르셨는데
이 가을엔
푸른 하늘 빼닮은
맑음 하나 얻어
간직하고
뇌 속 깊은 곳까지
맑아지고

스모그보다
더 해롭게
머리 아프게 하는
누가 무엇이
어찌 되었다는 소식
더 이상 듣지 않을 수 있다면
이 가을만이라도
맑고 푸를 수 있다면

# 정, 그 아련했던

여러 형제 오글버글
서로 끌어당기느라
반질거리며 덮었던
이불 끝자락
아린 손가락 사이
구멍 난 문풍지 울음

하굣길 교문 밖
친구에게 한 입
얻어먹었던
따끈한 호떡 맛
달콤했던 여운

양손 불끈
부러울 것 없던
새끼줄 연탄 두 장
영하 십몇도
오르내리던 언덕길
짱짱했던 바람

만원 버스

운 좋게 앉아

받아 들었던

단발머리 여학생

책가방 손잡이

느껴져

모자챙 더 눌러썼던

그 미묘한 붉힘의

기억

# 그땐, 그랬지

탱글탱글
뛰어다니는 소녀는
할머니도 그런 시절 있었는지
알 리 없다

앵두 빛 입술 소녀
백마 타고 올 왕자
입맞춤 고대하는
동화처럼
그땐, 그랬지
그냥 좋았다
그녀를
만나기로 한 날의 시계는
숨이 빨랐고
널뛰는 발걸음마다
꽃은 피어 있었는데

흰 머리 날리는
오늘 아침 바람
꽃이 져 떨어졌구나

저만치 하늘 사이
그래도
무지개 떠 있지만

# 옛 다리, 그리워

엄마 치마폭 감싸 안긴 아이
조잘거리며 건너가고
장에 갔던 아버지 취한 손끝
고등어 한 손
휘청거리며 건너가고
고향 떠나보내는 자식
부모 눈물 건너가고
그믐밤 달빛 숨어든 처녀 총각
새끼손가락 걸고 건너가고
……
길 끊긴 외진 마을
앞강 건너던
살 냄새 나는 이야기처럼
바람 따라
물결 따라
내 마음 닿는 곳
흘러가다가

외로운 섬마다
떨어져 사는

우리네 마음 이어주는
농다리 다시 놓고
까마귀 까치 불러 모아
칠석날 하루라도
실컷 사랑할 수 있었으면
섶다리 건너
뒷산 넘어가는 노을 보며
짠한 눈물 한 방울
흘릴 수 있었으면

# 어머니의 자리

어머니께선
언제나 자리를 내어 주셨다
옷을,
밥상을,
아랫목을,
공功을,
자잘한 일상까지
자리가 원래부터 없었다는 듯

그렇게 어머니의 자리
눈에 보이질 않았지만
철들어 겨우 알게 될 무렵

낡고 삐걱거리는
의자 되어
버릴 때 되었다지

치매 걸린
어머니의 자리라고

# 다 그렇게 지나가잖아요

바람이 불어오고
비가 내리고
눈이 내릴 땐
말릴 수 없잖아요

겨우 처마 밑
몸을 가린 채
되돌아가라 일러도
어쩔 수 없잖아요

굵은 대못
찔린 깊은 상처처럼
쿡쿡 쑤시며
떠날 것 같지 않던
아픔일지라도
다 그렇게
지나가 버릴 거잖아요

바람에
정처없이 날리던

꽃씨도
언젠가 어느 곳에 앉아
싹을 틔우는 신비
만날 수 있겠지요

# 밝은 별 찬가奎晟 讚歌

–새 생명의 태어남을 축하하며

밝은 별 밝은 별
어디서 왔을까
하늘 땅 어디에
꼭꼭 숨어 있다
이제야 이렇게
예쁘게 왔을까
어디 있다 이처럼
기쁨 안고 왔을까

오롯이 두 손 모아
밝은 별 비추기를
기다리고 기다렸더니
이제야 우뚝 떠오른
밝은 별 밝은 별

높다란 저 하늘
파란 새벽 가르며
유성流星이 떨어진 자리
무지개처럼
오색五色이 비추는

밝은 별로 나타나
가없는 큰 기쁨으로
누리가 밝아졌네

바람이 너울너울 춤을 추듯
강물이 둥실둥실 노래하듯
자연에 몸을 싣고
한없는 사랑 담아
무럭무럭 자라거라
하늘 땅 어디서나
너의 꽃 마음껏 피우거라

# 정서적인 생각과 시인의 관념을 독자에게 전해 주고자 한 시집

손근호(월간 시사문단 발행인 도서출판 그림과책 대표)

내적인 번뇌와 삶, 그리고 꿈을 이광식 시인만의 색채로 꾸며내었다. 꽃, 비, 바람, 산, 강 등등 이렇듯 사랑을 자연에서, 삶을 그 사랑 속에서 찾고 그리움 또한 삶 속에서 찾고 있다.

그의 시세계는 고독한 몸짓이 담겨 있는 시각적 이미지 표현에서 서정적 이미지로 풀어나갔고, 또 다른 자아의 내면적 갈등을 생동적으로 표현 감각된 시어다.

그는 열심히 달려간 인생길이 너무 짧았다는 아쉬움을 토했다. 시인의 시창작은 숙제가 아니라 일상생활처럼 창작하는 데 있다.

도시의 불빛 사이

저렇게 기다리다

꽃무리 한꺼번에

터지던 날

결국 몸살이 도졌다

폭우 지나갔던 음습한 뒷골목

아린 기억 털어 내지 못한 채

빈대떡집 소주잔 빠져드는데

안개 저편 아물거리는

무인도 형상

답답하게 숨이 막혔던 사랑

사랑은 답답한 거다

늘 그렇게 답답한 거다

온몸 스멀거리며

훑아 올라

벚꽃 한꺼번에 피어나듯

터져라, 사랑아

언제나 홀연히

왔다 가는 봄날처럼

–「터져라, 사랑아」 전문

위의 작품 「터져라, 사랑아」는 사랑이라는 내적인 힘을 표현해 냈다.

꽃 무리가 봉오리 품어 몸살이 도져 자연의 잉태가 시인은 결국 여인의 출산처럼 힘겨웠다. 거친 숨을 뿜었지만 그 뿜은 맘이 다시 되돌아와 가슴을 치는 간절함이 깃든 글이다. 그리고 이 작품에서는 이광식 시인이 시집에서 표현하고자 하는 전체의 일부를 담고 있다. 관념시로서 독자의 심금을 울릴 수 있는 작품이다.

매일 아침 사랑한다 문자 보내도
무관심한 듯 응답 없기 일쑤
무기력 수컷 회의(懷疑) 들던 어느 기분 꼬이던 날
(그런 날 진짜 많지만 참을성 떨어져 하루 표현한 날)
그걸 지나쳤더니 무슨 일 있었냐 왜 안 보냈냐?
속에서 치미는 말 억지 눌러 참고(말대답 잘못하면 공든 탑
한순간 무너져 버린다는 걸 알기만 해도 똑똑하다는데)
혼자 술 마시며 삭였다. 그녀는, 늘 그랬다. 아니 수컷은 늘
그랬다. 그녀는 언제나 쿨하고 난 늘 소심했다

-「갑을연애(甲乙戀愛)」 중에서

현대 디지털 시대의 사랑 표현에 대한 현실을 노래한 시다. 요즘은 인터넷이나 휴대전화가 일상생활의 큰 요소이기도 하다.

이제 문자도 시대의 일부분이고, 디지털 안부도 하나의 언어 전달 방식이다. 그런 면에서 시인은 「갑을연애(甲乙戀愛)」라는 작품에 디지털 시대를 살고 있는 현 사회의 한 단면을 시로 넣은 것이다.

위에서 말하듯 '회의(懷疑) 들던' '기분 꼬이던 날' '참을성 떨어져 하루 표현한 날' 사랑의 표현 방식이 사뭇 달라 오해가 오해를 낳고 그

러다 보면 서로의 관계 또한 어색한 관계로 이어진다.

'(그런 날 진짜 많지만 참을성 떨어져 하루 표현한 날)/ 그걸 지나쳤더니 무슨 일 있었냐 왜 안 보냈냐?/ 속에서 치미는 말 억지 눌러 참고 (말대답 잘못하면 공든 탑/ 한순간 무너져 버린다는 걸 알기만 해도 똑똑하다는데)' 내면 깊이를 억누르는 수컷의 마음이 훈훈한 체온의 휴머니즘으로 전해온다. 남녀 사이를 밀도 있게 잘 그려낸 작품이다.

꽃 한 조각 떨어져도
봄빛 줄어든다는데
화려한 봄꽃 피었다
빈 바람 타고
날아간 버린
한낱 봄날처럼
왜 그리도 짧았는지

수만 꽃잎 흩날리며
떠나 버렸을 뿐
바람 소리만

「바람이었어요」 중에서

위의 시에선 시제가 영미시로 이야기하자면 WISH(희망)인데 곧 조건절로 IF로 시작한다. 그러면서 결과는 인생무상이고 인생무상은 대자연이라는 바람, 바람 소리뿐이라고 시적 화자는 종결한다. 이 시는 일본의 하이쿠 시의 형식을 입고 있다. 자연을 노래하면서 시적 화자가 시적인 표현을 은유로 넣고 게다가 결론은 꿈을 바람 소리만으로 시적 완성을 했다. 그만이 알고 있는 시의 상상력을 시라는 형식에 완연히 넣은 작품이다.

행주산성

용맹 떨친 전공 있어도

빛나는

다이아몬드처럼

수난 겪을 일 없으니

–「허드렛돌」 중에서

이 작품은 행주산성은 선조 25년(1592) 임진왜란이 일어나자 전라도 순찰사로 있던 권율 장군은 이 터에서 3만 왜군을 막아내면서 만여 명을 거느리고 행주산성에 진주하였다. 이 싸움에서는 우리나라의 전쟁 역사상 처음으로 '재주머니 던지기'라는 전법이 쓰였다. 아낙네들은 긴 치마를 잘라 짧게 덧치마를 만들어 입고는 치마폭에 돌을 주워 담아 싸움을 거들었는데, 행주치마라는 이름이 바로 여기서 유래되었다고 한다. 이 작품에서 시인은 행주산성에 오르면서 상념을 한 것이다.

발에 밟히는 허드렛돌에 관념을 넣고 응시하며 허드렛돌이 우리가 아니냐고 이 작품에서 말하고 있는 것이다. 시인은 이렇게 지역을 소개하는 작품을 적은 것도 시인의 사명이다. 그런 면에서 이 시집의 허드렛돌을 읽는 독자는 행주산성에 한 번이라도 더 가볼 것이며 시인과 같이 행주산성에 오르지 않을까 한다. 한편 우리는 그런 시인의 의도를 알 수 있다. 시로 지역을 소개하는 바가 시인의 사명 중의 하나인 것을 말이다.

두 번째 시집은 독자들에겐 분명 소중한 시집이고, 기다려온 시집이기도 하다. 또 한편 그의 두 번째 시집을 보관할 수 있는 기회이기도 하다. 이 시집은 이광식 시인의 정서가 많이 표출된 작품들이 많다. 그만의 정서적인 생각과 시인의 관념을 독자에게 전해 주고자 하는 바가 크다.

〈이광식 시인 약력〉

춘천교육대학교 졸업, 연세대학교교육대학원 국어교육과 졸업, 월간『시사문단』시로 등단, 한국시사문단작가협회 회원, 빈여백 동인, 한국문인협회 회원, 국제펜클럽 회원, 북한강문학제 시와 사진전 작품 전시(2010, 2014, 2015), 제6회 빈여백동인문학상 수상(2011), 제10회 시사문단문학상 대상 수상(2013), 제4회 북한강문학상 수상(2014), 황조근정훈장 수상(2016), 시집「마르크 샤갈의 도시 위에서」(2013 그림과책)

그림과책 시선 141

바람이었어요

초판 1쇄 발행일 _ 2016년 2월 15일

지은이 _ 이광식
펴낸이 _ 손근호

펴낸곳 _ 도서출판 그림과책
출판등록 2003년 5월 12일 제300-2003-87호

03030 서울 종로구 통일로 272, 210호 송암빌딩(무악동)
[도서출판 그림과책]
전화 (02)720-9875, 2987 _ 팩스 (02)720-4389
도서출판 그림과책 homepage _ www.sisamundan.co.kr
후원 _ 월간 시사문단(www.sisamundan.co.kr)
E-mail _ munhak@sisamundan.co.kr

ISBN 978-89-94753-39-3(03810)

값 10,000원



이 도서의 국립중앙도서관 출판예정도서목록(CIP)은 서지정보유통지원시스템 홈페이지(http://seoji.nl.go.kr)와 국가자료공동목록시스템(http://www.nl.go.kr/kolisnet)에서 이용하실 수 있습니다.(CIP제어번호: CIP2016001511)